Geheimnisse des Tarot

von

Johannes Färber

BUCH UND ZEIT
BZ

Genehmigte Sonderausgabe für den Buch und Zeit Verlag, Köln
Kartenabbildungen mit freundlicher Genehmigung
des Königsfurt Verlags, Krummwisch
Dieses Werk berücksichtigt die neue deutsche Rechtschreibung.

ISBN 3-8166-0385-8

Erste Schritte

Tarot: Wissen aus dunkler Vergangenheit?

Der Ursprung der auf den Tarotkarten abgebildeten Symbole liegt im Dunkeln. Möglicherweise stammen sie aus dem alten Ägypten und kamen über das Volk Israel in den europäischen Kulturraum. Die erste Erwähnung von Tarotkarten, wie wir sie heute kennen, stammt aus dem ausgehenden 17. Jahrhundert. Es sollte ein weiteres Jahrhundert dauern, bis es zu einer ersten Verbindung zwischen diesen Spielkarten und dem Magischen und zu dem Versuch einer Weissagung mit Hilfe der Karten kam. Wir haben es also nicht mit einer uralten Methode der Zukunfts- und Lebensprognose zu tun, wie sie etwa das chinesische I Ging oder auch unser Horoskop darstellen, sondern mit einer verhältnismäßig neuen Erscheinung.

Sagen die Karten die Zukunft voraus?

Wie bei anderen Denkmodellen und Verfahren in diesem Bereich spielt der persönliche Glauben eine große Rolle. Das Spektrum reicht unter den Nutzern von Tarotkarten von ernsthafter Überzeugung bis zum spielerisch-leichten Umgang. Es ist eine sehr persönliche Sache mit der Kartomantie (Weissagung mit Hilfe der Karten): Mancher Eiferer trägt das Kartenspiel am Körper, damit es seine Aura aufnehmen kann, nimmt die

Deutungen der Karten sehr ernst und richtet sein gesamtes Leben danach aus. Andere nutzen die Tarotkarten nur als eine Art Spiegel, in den sie schauen können, um sich selbst zu erkennen. Wieder andere glauben, man könne mit Hilfe der Ursymbolik der Karten verborgene Aspekte der eigenen Persönlichkeit ans Licht holen.

In diesem Buch erfahren Sie zunächst, was die verschiedenen Karten bedeuten (Seite 5 bis 54). Im Anschluss daran erklären wir Ihnen, wie man die Karten legt (Seite 55 bis 64).

Wie sieht ein Tarot-Spiel aus?

Das moderne Tarot-Spiel (das von Arthur Edward Waite gestaltete »Rider-Tarot«) ist in seiner heutigen Form etwa 80 Jahre alt und besteht aus 78 Karten:

- 21 nummerierte Trumpfkarten - die Großen Arkana
- eine nicht nummerierte oder mit der Null versehene Karte - der Joker oder Narr
- 4 Farben (Stäbe, Schwerter, Kelche, Münzen) mit je 10 Zahlen- und 4 Hofkarten - die Kleinen Arkana

Die Bezeichnung Arkana (oder auch Arkanen) geht auf den Plural des lateinischen Wortes für Geheimnis, *arcanum,* zurück.

Die Grossen Arkana

Diese Karten stellen die großen Geheimnisse, die Urbilder gelebter menschlicher Erfahrungen in mystischer wie weltlicher Sicht dar. Sie beinhalten alle Ereignisse und Schicksalswendungen, die im Leben erdenklich sind. Falls während einer Tarotsitzung mehr Karten der Großen Arkana fallen, sind Sie in der Hand des Schicksals – Ihre Zukunft ist vorbestimmt. Sollten mehr Karten der Kleinen Arkana fallen, liegt Ihr Schicksal weitgehend in Ihren eigenen Händen. Die einzelnen Karten der Großen Arkana sind:

0 – Der Narr

Der Narr ist das Symbol für die spontane Lust am Leben und zugleich für die kindliche Unschuld. Nicht umsonst trägt der Narr eine weiße Rose in Händen. Er handelt »aus dem Bauch heraus« – gefühlsmäßig richtig und schlafwandlerisch sicher. In den Augen der Realisten ist sein Tun kindisch und naiv. Astrologisch werden ihm der Planet Uranus und das Tierkreiszeichen Wassermann zugeordnet. Sein Element ist die Luft – er ist frei und ungebunden wie der Wind. Niemand, nicht einmal er selbst, weiß, wohin seine Wege ihn führen werden.

Deutung: Originalität und ein erstaunlicher Einfallsreichtum können von dieser Karte ausgehen. Das Unmögliche kann Wahrheit werden, wenn der Narr erscheint, und häufig kündigt er ungewöhnliche Menschen an, die in Ihr Leben treten werden.

Umgekehrte Bedeutung: Wenn diese Karte auf dem Kopf ausgelegt wird, wird der Narr zum Symbol des Chaos, zum Verfechter des Unerwarteten. Der sträfliche Leichtsinn, die Torheit und der Wahnsinn treten in Ihr Leben.

1 – Der Magier

Ursprünglich war diese Person vermutlich ein reisender Gaukler und Schausteller, eine im mittelalterlichen Europa weit verbreitete Gestalt. Die Einschätzung seines Wesens ist stets mehrdeutig: Ist er ein Betrüger, ein Taschenspieler oder ein weiser Mann? Sind seine Vorführungen nur simple Tricks, oder hantiert er geschickt mit den göttlichen Gesetzen, um neue Zusammenhänge zu schaffen? Diese Mischung aus Misstrauen und Faszination kennzeichnet die Deutung der Karte: Der Magier kann Mittler zwischen Himmel und Erde sein, dessen Willenskraft und kundiger Umgang mit den Naturgewalten und Kräften des Kosmos beeindruckt. In dieser Deutung steht er zugleich positiv für das männliche Prinzip – seine Energie wirkt von innen nach außen.

In anderen Zusammenhängen weist der Magier darauf hin, dass jemand Sie mit simplen Rosstäuschertricks hinters Licht führen will. Nicht umsonst steht er unter dem Planeten Merkur (dem Stern der Händler und Diebe) und wird dem stets zwiespältigen Tierkreiszeichen Zwillinge zugeordnet.

Ob Wahrheit oder Täuschung - der Magier steht immer im Mittelpunkt. Er handelt, beeindruckt mit seiner Individualität, Suggestivkraft und Kreativität. Aber: Er lenkt auch von dem Geschehen ab, das im Hintergrund abläuft.

Deutung: Die Karte des Magiers fällt im Tarot, wenn auf einen neuen Beginn, eine Arbeitsphase, ein wichtiges Vorhaben hingewiesen werden soll, das Entschlossenheit, Ehrgeiz und Initiative verlangt.

Umgekehrte Bedeutung: Umgekehrt warnt diese Karte vor mangelndem Selbstbewusstsein oder weist auf einen unseriösen Hintergrund einer Sache, auf Täuschung und Betrug hin. Wichtig ist hier der Gesamtzusammenhang.

2 - Die Hohepriesterin

Die Hohepriesterin (oder Päpstin) wird als weise Frau in einem blauen Gewand dargestellt. In ihrem Erscheinungsbild gleicht sie der Jungfrau Maria oder einer Nonne. Sie trägt eine gezackte Krone ähnlich der gehörnten Krone der Göttin Isis. Auf dem

Schoß hält sie eine Schriftrolle (Thora). Der Vorhang im Hintergrund ist, ein Hinweis auf die Mysterien von Leben und Tod, mit Granatäpfeln gemustert.

Die Hohepriesterin steht für das weibliche Prinzip und zugleich für das Geheimnis. Versteckt hinter dem Vorhang zwischen der schwarzen und der weißen Säule, bleiben uns ihre tiefen Erkenntnisse weitgehend verborgen. Die Säulen, die als Boaz und Jakim oder Alpha und Omega bezeichnet werden, stellen das männliche und weibliche Prinzip dar. Sie können auch als die weiblichen Eigenschaften Strenge und Milde gedeutet werden.

Die Hohepriesterin richtet ihre und die Kräfte des Kosmos von außen nach innen. Ihr Planet ist der Mond, dessen Sichel zu ihren Füßen liegt. Der ihr zugehörige Tierkreis ist entsprechend der Krebs.

Deutung: Wenn die Hohepriesterin in den Karten erscheint, wirkt starker weiblicher Einfluss, denn die Karte lässt mystische Kraft, seelische Stärke und ein einflussreiches Unterbewusstsein bis hin zur Hellsichtigkeit anklingen. Einfühlungsvermögen, Intuition und instinktiv richtiges Handeln, aber auch Verständnis, Nachsicht und Geduld werden eine Rolle spielen. Vielleicht wird auch in Kürze ein bedeutsames Geheimnis enthüllt werden.

Für einen Mann kann die Hohepriesterin auf die wichtigste Frau in seinem Leben und auf deren Kräfte verweisen.

Umgekehrte Bedeutung: Starke und geheimnisvolle mystische Kräfte und versteckte Hindernisse stehen gegen Sie! Feinde schmieden perfide Intrigen. Verschieben Sie Ihre Vorhaben, denn es gibt Widerstände!

3 - Die Herrscherin

Die Herrscherin wird als Mutter dargestellt, fruchtbar und fürsorglich, liebenswürdig, stets großzügig und lebensvoll. Sie ist umgeben von Behaglichkeit und Überfluss. Ihre Krone wird häufig von zwölf Sternen geschmückt, ein Verweis auf die zwölf Tierkreiszeichen. Die Herrscherin steht astrologisch unter dem Planeten Venus, der Göttin, die neben ihrer bekannten Rolle als Gottheit der Liebe auch Fruchtbarkeit und Ernte beherrscht.

Deutung: Diese Karte verweist auf natürliches Wachstum und Wohlergehen, materielle Sicherheit und häuslichen Wohlstand, aber auch auf Geborgenheit und Beistand. Sie kann Mutterfreuden ankündigen, Befriedigung bei der Erziehung von Kindern verheißen oder für häuslichen Frieden oder eine dauerhafte und harmonische Basis für zukünftige Entwicklungen stehen.

Umgekehrte Bedeutung: Warnung vor Wildwuchs oder Überproduktivität. Gut gemeinte, aber störende Dominanz droht; Hinweis auf den Versuch emotionaler Erpressung (Liebesentzug). Das häusliche Glück kann (emotional und materiell) in Gefahr sein. Schwierigkeiten in der Schwangerschaft.

4 – Der Herrscher

Der Herrscher, ein majestätischer Mann mittleren Alters, strahlt Machtbewusstsein und Entschlossenheit aus. Sein strenger Blick trifft den Untertanen und lässt keinen Zweifel an seiner Autorität. Seine Erscheinung ist wahrhaft fürstlich: Gekrönt und reich gewandet, mit Zepter und Reichsapfel, zeigt er alle Symbole weltlicher Macht. Der Herrscher ist der Mann, der jede Situation unter Kontrolle hat und jedes Problem souverän und verantwortungsvoll löst.

Die Armlehnen und der Rückenteil seines Thrones sind mit Widderköpfen dekoriert. Diese Symbole beziehen sich auf das Tierkreiszeichen, das diese Karte beherrscht.

In der Darstellung anderer Tarotspiele wendet der Herrscher sich seitlich ab, nur eine Seite seines Gesichts ist zu sehen. Dies soll Distanz zwischen dem Betrachter und dem Herrscher schaffen und so dessen Machtfülle unterstreichen. Anders ausgelegt heißt dies auch, dass der Herrscher nur mit der einen, väterlichen Seite der männlichen Rolle in Zusammenhang steht. Daher kann die Karte für eine Frau auf eine Begegnung mit einem wichtigen Mann mit väterlichen Charaktereigenschaften hinweisen.

Deutung: Die Karte verheißt Beständigkeit, Ordnung und Sicherheit. Wer klare Ziele besitzt, kommt weiter. Eine hohe Ehrung oder Ruhm durch große Leistung kündigen sich an. Ein einflussreicher Mann gewährt seine machtvolle Hilfe – der Ehemann oder Vater, aber auch der Vorgesetzte oder Chef.

Umgekehrte Bedeutung: Fällt die Karte umgekehrt, so drohen Perfektionismus oder Machtmissbrauch. Die umgekehrte Karte warnt auch vor Unreife, Unbeherrschtheit, unerfüllten Ambitionen und übergroßer Gier nach Macht und Ansehen.

5 – Der Hierophant (Hohepriester)

Der Hohepriester (oder Papst) ist die männliche Entsprechung zur Hohepriesterin (Karte 2). Er verkörpert die moralischen Grundwerte. Der häufig gebrauchte Name Hierophant stammt aus dem alten Griechenland und verweist auf einen Priester der heiligen Mysterien. Das dreifache Kreuz (manchmal auch eine dreifache Krone) repräsentiert Körper, Geist und Seele. In einer christlichen Deutung lassen sie die Dreifaltigkeit von Vater, Sohn und Heiligem Geist sichtbar werden. Astrologisch handelt der Hohepriester unter dem Zeichen Stier.

Deutung: Der Hohepriester symbolisiert das Vertrauen in eine höhere Bestimmung. Die Suche nach dem Sinn des Lebens wird nicht ohne Erfolg bleiben. Er weist so auf den positiven Einfluss des festen Glaubens und die Kraft des bewussten Geistes hin. In dieser Deutung erinnert die Karte an die Vorzüge eines Lebens in Tugend und Regelhaftigkeit.

Auch der kluge Vater, ein weiser Lehrer oder Ratgeber werden durch diese Karte verkörpert, deren Autorität nicht weltlicher, sondern spiritueller Natur ist. Sie spenden Rat und Trost zur richtigen Stunde oder gewähren gnädig Vergebung.

Umgekehrte Bedeutung: Schlechte Ratgeber bringen Verwirrung und Chaos in Ihr Leben. Gefahr durch eine Glaubens- oder Vertrauenskrise oder Verdrehung der Fakten und Geschwätz. Doch kann diese Karte, wenn sie umgekehrt fällt, auch positiv ausgelegt werden: Lösen Sie sich von väterlicher Autorität, schaffen Sie sich eigene Regeln und Werte!

6 – Die Liebenden

Diese Karte zeigte früher einen jungen Mann, der sich zwischen zwei Frauen entscheiden muss, während der Liebesgott Amor mit seinem Pfeil auf ihn zielt. Sie ist das Symbol für starke Gefühle, für eine Wahl des Herzens, die nicht vom Intellekt allein getroffen werden kann. Heutige Versionen der Karte zeigen eine Szene im Paradies, Adam und Eva und den Baum der Erkenntnis. Schützend hält der Erzengel Michael seine Arme über das Paar ausgebreitet. Doch auch hier geht es um die richtige Entscheidung. Es liegt auf der Hand, dass die Karte astrologisch vom stets zweifelnden Zeichen Zwillinge beherrscht wird.

Deutung: Wenn diese Karte gelegt wurde, zeigt sie an, dass der Lebensweg einen entscheidenden Punkt erreicht hat. Eine richtige Alternative muss gewählt werden, bei der man seine ehrlichen Wünsche und Leidenschaften einbeziehen sollte. Schließlich symbolisiert diese Karte die Macht der Gefühle und deren Unumgänglichkeit. Wer auf seine Wünsche hört, lebt gemäß seiner tiefen emotionalen Natur. Denn nicht nur verstandesbetonte Verpflichtungen, sondern auch emotionale Faktoren sind für ein glückliches Leben von Bedeutung.

Einfacher gedeutet steht die Karte für Liebe und Liebesglück, für eine glückliche Beziehung, für Versöhnung bei Streit und die Freuden der körperlichen Liebe. Je nach Zusammenhang kann sie auch Harmonie in Privatleben oder Beruf bedeuten.

Umgekehrte Bedeutung: Eine falsche Entscheidung in der Liebe: Gefahr einer kummervollen Liebesgeschichte, ein fehlgeschlagener Antrag, eine Trennung gegen den Willen der Liebenden oder ein emotionaler Verlust.

7 – Der Wagen

Ein gekrönter Eroberer steht aufrecht in einem Streitwagen – ein Zeichen des Aufbruchs, der Veränderung: Alle Energien werden gesammelt, um etwas Neues zu beginnen, eine Aufgabe oder einen Konflikt zu lösen oder eine längst fällige Entscheidung zu treffen. Der Streitwagen wird von zwei Sphinxen ohne Zügel gezogen – Sinnbild der positiven und negativen Kräfte, die unser Leben bestimmen. Diese Karte wird dem Planeten Mond und dem Tierkreiszeichen Krebs zugeordnet. Das Element des Wagens ist das Wasser.

Deutung: Die Kräfte des Schicksals treiben uns zu großen Taten. Reisen und Unternehmungen stehen unter einem guten Stern. Unerwartet gute Nachrichten führen zu Optimismus und frischer Initiative. Jetzt lassen sich auch Siege und Eroberungen realisieren. Selbst unter schwierigen Voraussetzungen führt Selbstvertrauen und forsches Vorwärtsdrängen zum Erfolg.

Umgekehrte Bedeutung: Vorsicht, etwas in Ihrem Leben gerät außer Kontrolle! Reisepläne können scheitern, Vorhaben schiefgehen. Es drohen Stillstand und Missmut, denn die Kräfte des Schicksals wirken ungünstig. Übertrieben starke Aktivität ohne die nötige Überlegung ist jetzt unangebracht. Verwechseln Sie nicht Tatkraft mit Leichtsinn oder Größenwahn!

8 - KRAFT

Kyrene, die griechische Nymphe, zähmt den wilden Löwen mit bloßen Händen. Sie wendet weder Gewalt noch Waffen an. Aber: Sie führt diesen Zähmungsakt mit sanfter Entschlossenheit aus, die dem Löwen keinen Zweifel an ihrer Unbeirrbarkeit lässt. So versinnbildlicht sie den Sieg des zivilisierten Menschen über seine animalische Natur – und zugleich die Aussöhnung mit ihr für ein ganzes Leben, wie es das ∞-(Unendlich-) Zeichen über dem Kopf der Frau zeigt. Das Tier im menschlichen Wesen wird gezähmt, damit nicht Kraftreserven für die Unterdrückung der Instinkte aufgewendet werden müssen. So gewinnt der Mensch in doppelter Weise an Lebenskraft, Mut und Leidenschaft, denn auch die animalischen Energien können sinnvoll und zielgerichtet genutzt werden. Zwar wird der Löwe auf der Karte vom Menschen beherrscht, doch astrologisch beherrscht wiederum das Zeichen Löwe diese Karte.

Deutung: Große Kräfte stehen für ein Vorhaben oder eine Problemlösung zur Verfügung. Die nähere Zukunft ist von Mut, Lebensenergie, Unternehmungslust, Tatkraft und Erfolgsstreben geprägt. Die daraus entstehenden Belastungen werden als natürlich empfunden.

Umgekehrte Bedeutung: Fällt die Karte umgekehrt, verweist sie auf gestaute Energie oder ein Gefühl der Schwäche und Bedrückung. Sie kann aber auch auf entfesselte, zerstörerische Kräfte hinweisen.

9 – Der Eremit

Ein bärtiger Greis in einer Mönchskutte benutzt eine Lampe, um zurückzublicken. Er stützt sich auf einen Stab. Einsamkeit und innere Einkehr prägen die Stimmung dieser Karte. Es ist der zurückliegende Lebensweg, den der Eremit sinnend betrachtet. Er will seine früheren Erfahrungen nutzen, um das Beste aus der ihm verbleibenden Zeit in der Zukunft zu machen.

Deutung: Die Karte kann für Ernsthaftigkeit und innere Einkehr, aber auch für Vorsicht, Geduld und Erfahrung, die Qualitäten des Alters, stehen. Vielleicht wollen Sie durch Selbstbesinnung zum eigenen Wesenskern gelangen. Auch die Erkenntnis, dass man nie auslernt, schwingt mit. Vorsichtiges Handeln ist geraten, da plötzliche Kursänderungen zur Zeit Gefahren bergen – eine Warnung vor Gedankenlosigkeit.

Umgekehrte Bedeutung: Hüten Sie sich vor sinnloser Selbstbespiegelung, vor Rückzug und unnötiger Isolation! Sie sind nicht der einzige Weise! Ihre Mitmenschen haben Ihnen etwas zu geben!

Gefahren durch Uneinsichtigkeit drohen. Jemand kann in Einsamkeit geraten oder durch Halsstarrigkeit Probleme bekommen. Man sollte wertvolle Ratschläge nicht missachten.

10 – Das Rad des Schicksals

Das Rad ist ein mittelalterliches Symbol der Hilflosigkeit der Menschen, die schutzlos den Mächten des Schicksals ausgeliefert sind. Es geht zurück auf das Spinnrad der drei Nornen, der Schicksalsgöttinnen im alten Griechenland. Unaufhaltsam dreht es sich und reißt Menschen mit – im Guten wie im Bösen. Es kann unverhofft Glück und Reichtum, aber auch Unheil und Leiden bringen. Wer sich gegen sein Schicksal stellt, zerbricht daran. Wer sein Schicksal annimmt, kann es in einem gewissen Rahmen selbst gestalten. Er muss sich aber auch bereit finden, sich auf einen engen Handlungsrahmen oder alltägliche Routine einzulassen.

Deutung: Steht die Karte aufrecht, ist ihre Bedeutung positiv. Eine Veränderung der Lebensumstände, eine Wende zum Besseren kündigen sich an; vergangene Arbeit, durchlebte Leiden zahlen sich aus. Auch das Ende gegenwärtiger Schwierigkeiten und eine Glückssträhne können gemeint sein.

Umgekehrte Bedeutung: Steht die Karte kopf, drohen womöglich Unglück und unangenehme Überraschungen. Wichtig: Die übrigen Karten, die gelegt werden, geben ausführlichere Auskunft über die Art der schicksalhaften Wendung.

11 – GERECHTIGKEIT

Zwischen den Säulen Gnade und Strafe sitzend hält die gekrönte Figur der Justitia Waage und Schwert in Händen. Ihr Gesicht ist entschlossen, sie ist unbestechlich: Sie wird alle Tatsachen berücksichtigen, und persönliche Gefühle werden ihr Urteil nicht beeinflussen. Absolute Ehrlichkeit, Ausgewogenheit und Fairness sind die

Qualitäten der Göttin der Gerechtigkeit. Astrologisch beherrscht natürlich das Zeichen Waage diese Karte.

Die Karte erinnert daran, dass Menschen stets Gerechtigkeit erfahren - wenn nicht vor Gericht, so durch die Urteile und Strafen des Lebens. Dessen Gesetze müssen befolgt werden, wenn man Strafen vermeiden will. Sie warnt aber auch davor, zu streng mit sich und anderen zu sein, denn dann gerät die Waage aus der Balance. Auch wenn es gelingt, menschliche Gerechtigkeit zu täuschen - der göttlichen Gerechtigkeit kann niemand entfliehen.

Deutung: Gleichgewicht, Fairness und Ausgleich haben die Oberhand. Das richtige Urteil wird gesprochen. Sie haben Erfolg in rechtlichen Angelegenheiten.

Allgemeiner: Eine Entscheidung wird zu Ihren Gunsten getroffen. Vertragsabschlüsse stehen unter einem guten Stern, es herrschen Einmütigkeit, Ausgewogenheit und Harmonie. Eine Ungerechtigkeit wird aufgeklärt, erlittene Fehlurteile können revidiert werden. Noch weiter gefasst: Von einer ausgewogenen Geschäftsidee profitieren alle.

Umgekehrte Bedeutung: Rechtsangelegenheiten entwickeln sich ungünstig. Es drohen Gefahren durch Ungerechtigkeit, Fehlurteile, falsche Einschätzungen und Entscheidungen zu Ihren Ungunsten. Warnung vor betrügerischem Rat und falscher Zeugenaussage oder Auskunft.

12 – Der Gehängte

Der Gehängte ist eine der merkwürdigsten Karten im Tarot. Ein Mann hängt kopfüber an einem Ast oder Baum (in einigen Kartenspielen ist es auch ein Schafott). Sein Gesichtsausdruck zeigt jedoch deutlich, dass ihm dies offenbar nichts ausmacht. Im Gegenteil: Sein Haupt ist von einem Kranz der Erleuchtung umgeben, denn er genießt tiefere Einsichten. Ein Thema dieser Karte ist entsprechend die neue Sicht der Dinge durch die Umkehrung des Erwarteten.

Hintergrund dieser seltsamen Abbildung sind mythologische Vorstellungen. Ist es der angeschmiedete Titan Prometheus, der nach der griechischen Sage den Menschen das Feuer brachte und zur Strafe von Zeus an einen Felsen des Kaukasus geschmiedet wurde? Oder ist es der Gott Odin an der Weltesche Yggdrasil?

Deutung: Eine zeitweilige Unterbrechung im Lebenslauf wird angezeigt. Jemand steckt fest oder befindet sich in einer bindenden Situation. Dies kann eine persönliche Krise oder eine chronische Krankheit sein, die durchlebt werden müssen. Geduld und Demut helfen dabei, durchzuhalten. Da die Karte vom Planeten Neptun (der Meeresgott) und dem Element Wasser beherrscht wird, empfiehlt es sich eher, mit dem Strom zu schwimmen und abzuwarten als gegen die Situation aufzubegehren. Umdenken führt weiter als starres Festhalten an einer einmal gewählten Richtung. Veränderungen und Opfer sollten akzeptiert werden, denn es gilt vielleicht, Größeres erreichen zu können.

Umgekehrte Bedeutung: Sie sind uneinsichtig oder wehren sich gegen Erkenntnisse, die Ihnen bereits bewusst sind. Selbstsucht, Vorurteile und Befangenheiten binden Sie! Jemand manipuliert Sie, emotionale Erpressung in einer überstarken Paarbindung kann im Spiel sein. Eine andere Deutung: Sie spielen den Märtyrer und machen sich so handlungsunfähig.

13 - Der Tod

Der unheimliche Sensenmann reitet ein weißes Pferd, dessen Hufe auf die Körper der Menschen zu treten drohen. Niemand wird verschont, auch der Prinz und der Bischof sind in Gefahr. Alles Menschliche unterliegt diesem Schicksal. Doch mit jedem Ende ist eine Veränderung und ein Neuanfang verbunden: Stirb und werde! In diesem Sinne kündigt die Karte nicht das Ableben, sondern häufig Neubeginn oder Wandlung an. Etwas Altes geht zu Ende, etwas Neues kann seinen Lauf nehmen. Die Karte wird von Saturn und dem Tierkreiszeichen Skorpion beherrscht.

Deutung: Sehr selten zeigt diese Karte den Tod an. Sie steht für ein natürliches Ende einer Entwicklung, für Transformation und Wandel, die einen auf den ersten Blick verborgenen Segen enthalten. Sie kann aber auch einen lange erwarteten Abschied oder das blinde Schicksal meinen, das ohne Ansehen der Person zuschlägt.

Umgekehrte Bedeutung: Eine unfreiwillige Wandlung nimmt ihren Lauf, etwas löst sich auf. Auch der Verlust einer Arbeitsbeziehung, einer Partnerschaft oder Freundschaft kann angezeigt werden.

14 – Die Mässigkeit

Die Engelsfigur auf dieser Karte war im Ursprung vielleicht Nemesis, die griechische Göttin des rechten Maßes und der göttlichen Ordnung. Sie gießt Wasser aus einem Kelch in einen anderen. Der Ausgleich zwischen Körper und Seele, zwischen Kopf und Herz, zwischen Unbewusstem und Bewusstsein wird so dargestellt. Gleichklang, Ausgeglichenheit, Gelassenheit und Seelenfrieden sind die Folge innerer Harmonie. Astrologisch beherrschen das Zeichen Schütze und der Planet Venus diese Karte.

Deutung: Es gibt mehrere Interpretationsmöglichkeiten, die von dem Umfeld abhängen, in dem diese Karte auftaucht.

Sie kann die harmonische Gemeinsamkeit, den Ausgleich von Handeln und Fühlen und die wiedergewonnene Einigkeit nach einer Krise anzeigen.

Die Karte kann aber auch zur Vorsicht mahnen: Der Blick für das rechte Maß und das Machbare, Selbstdisziplin und Anpassungsfähigkeit sind angeraten. Nur sorgfältiges Abwägen der Umstände führt zu einer richtigen Entscheidung. Bei Kranken kann die Karte Heilung bedeuten – Körper und Seele finden zu neuem Einklang.

Umgekehrte Bedeutung: Unfrieden und Missklang drohen, Zerwürfnisse durch konkurrierende Interessen oder die unglückliche Verknüpfung von Ereignissen und Personen. Im Beruf kann Korruption, im alltäglichen Zusammenleben häuslicher Streit drohen.

15 – Der Teufel

Luzifer, der gefallene Engel, herrscht über zwei seiner Knechte, die an seinen Sockel gekettet sind. Dies ist die Karte der Unmäßigkeit, der Habsucht und der Tyrannei des triebhaften Körpers und der lüsternen Sinne über Seele und Geist. Der Teufel verkörpert schwarze Magie, nackten Materialismus, Lust und Gier, Willenlosigkeit,

Abhängigkeit und das Vergnügen als Selbstzweck. Auch ist der Teufel das Symbol des Unvermeidlichen, des blinden Verderbens und des Leidens. Astrologisch beherrschen das gehörnte Zeichen Steinbock und der finstere Planet Pluto diese Karte.

Deutung: Diese Karte symbolisiert die finstersten Schattenseiten unserer Person: unerbittliche Macht, die Willkürherrschaft von Lust und Gier. Künstliche Welten und verbotene Begierden locken, der blanke Mammon vertreibt die Moral. Beste Absichten werden unterlaufen, gute Vorsätze fallen. Sie werden massiv in Versuchung geführt. Eine andere Deutung: Das Böse stellt sich Ihnen als eine unverrückbare Barriere in den Weg, die weder bezwungen noch umgangen werden kann. Verdrossenheit und Hoffnungslosigkeit drohen zur Grundstimmung zu werden. Überstarke Fesseln binden Sie.

Umgekehrte Bedeutung: Das Gute siegt über das Böse, der Geist befreit sich von den Fesseln des Tierischen. Sie steigen als Phönix aus der Asche auf. Ehrenvolle Vorhaben gelingen, eine Phase der Willensschwäche endet, Abhängigkeiten werden überwunden. Die bessere Seite Ihrer Persönlichkeit siegt.

16 – Der Turm

Tand ist das Gebilde von Menschenhand: Blitze zucken herab, der Turm zu Babel fällt dem göttlichen Zorn zum Opfer, Sodom und Gomorrha gehen unter. Zwei Gestalten stürzen ins

Bodenlose. Das feste Bauwerk als Symbol der Geborgenheit ist zerstört, die Sicherheit war trügerisch. Nichts vom Menschen Geschaffenes kann dem Schicksal, dem göttlichen Willen standhalten; alle weltliche Herrschaft, versinnbildlicht durch die Krone, stürzt. Es ist eine Zeit heftigsten Aufruhrs. Astrologisch beherrscht der Planet Mars (in anderen Quellen Uranus oder Saturn) diese Karte.

Deutung: Etwas bricht mit der Gewalt einer Katastrophe über Sie herein: Erstarrtes geht zu Bruch, ein überkommenes Wertesystem zerfällt, sichere Erwartungen scheitern. Nach der Bestürzung folgt zuerst Erleichterung, danach eine Neuorientierung. Althergebrachte Fesseln werden abgestreift, selbstauferlegte Beschränkungen fallen durch Einwirkung von außen. Irritationen sind unvermeidbar, aber man geht aus dieser Erfahrung als neuer und stärkerer Mensch hervor. Im Beruf könnte eine Firmenauflösung, eine Kündigung, das Scheitern von Plänen, im Privatleben eine plötzliche Trennung oder ein Skandal gemeint sein.

Umgekehrte Bedeutung: Sie selbst sind die Ursache für Umbruch und plötzlichen Wandel. Ihre rebellische und unüberlegte Haltung verursacht Bestürzung, Befremden und erschüttert ihre Mitmenschen.

17 - Der Stern

Diese Karte ist eine der geheimnisvollsten Karten des Tarot. Sie symbolisiert die Hoffnung und die Zuversicht, die tiefe Weisheit des Universums und den Einblick in höhere Sphären. Sie fordert Sie auf, nach den Sternen zu greifen und nicht immer nur Ziele materieller Art zu verfolgen. Astrologisch beherrschen das Zeichen Wassermann und der Planet Jupiter die Karte des Sterns.

Deutung: Hoffnung als metaphysische Dimension der Existenz sollte nicht gering geschätzt werden. Wünsche können in Erfüllung gehen, wenn sie auf tieferen Einsichten und Verständnis für höhere Zusammenhänge beruhen. Idealismus ist angesagt. Engagierte Vorhaben stehen unter einem guten Stern. Auch bedeutet diese Karte allgemeines Wohlbefinden. Sie kündigt verheißungsvolle Begegnungen und wertvolle, aber nicht materielle Gaben und Geschenke an, die Sie weiterbringen. Ihre Beziehung hat beglückende Tiefe.

Umgekehrte Bedeutung: Ihr Stern fällt. Belastungen, Pessimismus, Widerstände und kleinliche Sachzwänge verhindern Höhenflüge und verunsichern Sie. Hochgesteckte Erwartungen werden enttäuscht.

18 - Der Mond

Schon das Gesicht des Mondes verheißt nichts Gutes. Die Landschaft unter dem Mond ist voller Gefahren. Der Krebs, Symbol des Primitiven, steigt aus dem dunklen Wasser an Land, will ans Licht. Zwei Tiere, Wolf und Hund, starren zum Himmel. Zwischen ihnen verläuft ein Weg - gefahrvoller könnte er nicht sein. Wildheit und tierische Instinkte hier, gezähmte Triebe und alltägliches Leben dort. Die Existenz verläuft zwischen ihnen - auf einer steinigen Straße, die unter dem geheimnisvollen Mond in eine ungewisse Ferne führt. Astrologisch beherrschen das Zeichen Skorpion und der Planet Mond diese Karte.

Deutung: Alpträume, Unwesen und Trugbilder, Schreckgespenster und alle Dämonen der dunklen Seite des Mondes plagen Sie. Kleinmut und Angst drohen, tief sitzende Befürchtungen, die der Verstand nicht ausschalten kann. Sind die Dinge wirklich so, wie sie scheinen? Oder wiegen Sie sich in trügerischer Sicherheit? Der Lebensweg ist voller Bedrängnisse, Zweifel plagen Sie, vielleicht ohne Grund. Doch Sie müssen hindurch. Der Weg ist eindeutig, er weist in die Zukunft.

Umgekehrte Bedeutung: Die Bedeutung der Karte verstärkt sich. Unvorhergesehene Risiken und bedrohliche Wagnisse verstärken sich in Ihrer Fantasie und nehmen übermenschliche Größe an. Nehmen Sie die Ängste ernst, seien Sie achtsam, es gibt eine reale Bedrohung. Verborgene Widersacher bedrohen Sie mit List und Tücke.

19 - Die Sonne

Diese Karte strahlt Lebensfreude, Wärme und Lebensbejahung aus. Die Sonne scheint auf ein lebensfrohes Kind, das auf einem Pferd reitet. Das Kind schwenkt ein rotes Banner. Es gibt keine Beschwernisse, es ist warm, das nackte Kind hat nichts zu verbergen. Sonnenblumen hinter einer Mauer stehen in voller Blüte. Alles ist einfach, freudvoll und körperlich. Dies ist die Sonnenseite des Lebens, es wird in vollen Zügen genossen. Astrologisch beherrscht natürlich die Sonne diese Karte.

Deutung: Das volle Leben steht Ihnen offen, die Gunst des Schicksals ist Ihnen gewiss. Sie werden zu großem Ansehen aufsteigen und Ihr Dasein voller Lebensfreude, Vitalität und Zuversicht genießen.

Große Taten sind möglich. Was zusammengehört, findet zueinander: Liebesglück und heitere Vergnügungen bei bester Gesundheit werden Sie erfreuen. Die Sonnenkarte bedeutet auch ganz konkret Sommer oder einen Aufenthalt in warmem Klima, in dem Sie Ihre Sonnennatur entfalten können.

Umgekehrte Bedeutung: Durch diese Lage wird die Sonnenkarte meist nur etwas abgeschwächt. Vielleicht wird es einige Verzögerungen oder Rückschläge geben, bis die Wolken sich lichten und Sie die Sonnenseite erreichen.

20 – GERICHT

Der Erzengel Michael bläst die Trompete zum Jüngsten Gericht, und die Toten erheben sich aus ihren Gräbern, denn es soll über sie geurteilt werden. Das Thema dieser Karte ist weniger der Tod als die Läuterung und Wiedergeburt: Etwas Altes findet einen endgültigen Abschluss, etwas völlig Neues beginnt, nachdem göttliche Erlösung, Läuterung und Befreiung die Menschen zu ihrem wahren Selbst gebracht haben. In vielen Religionen spielt dieses Motiv eine Rolle. Astrologisch beherrschen das Zeichen Skorpion und der Mond diese Karte.

Deutung: Eine tiefe innere Wandlung steht bevor, oder eine einmalige, unwiederbringliche Chance tut sich auf. Ein Neubeginn mit frischen Kräften, ein Vorhaben oder eine Entscheidung beeinflussen den Rest Ihres Lebens. Auch kann sich beruflicher Erfolg nach einer krassen Veränderung oder einer einschneidenden Neuerung einstellen. Was es auch ist, es wird wie eine Erlösung für Sie sein. Des weiteren verstärkt diese Karte die übrigen: Alle angrenzenden Karten werden in ihrer Bedeutung aufgewertet.

Umgekehrte Bedeutung: Dringend nötige Änderungen verzögern sich durch Selbsttäuschung und blinden Aktionismus.

21 - Die Welt

Diese Karte bildet den glücklichen Abschluss der Großen Arkana und gilt als die beste des Spiels. Sie stellt die Welt als wiedergefundenes Paradies dar, in dem Harmonie und Ganzheit regieren. Die ewig junge Tänzerin im Lorbeerkranz strahlt Sinnenfreude und Schönheit aus. Die vier Figuren in den Ecken der Karte, ein Mann, ein Stier, ein Löwe und ein Adler, stehen unter anderem für die vier Elemente; sie werden aber auch als die vier Evangelisten, die vier Kardinaltugenden oder als die vier Himmelsrichtungen interpretiert.

Deutung: Sie sind in Einklang mit sich und der Welt. Die Vollendung einer großen Aufgabe, die wirkliche Erfüllung in der

Liebe, der Triumph nach großer Anstrengung sind für Sie erreichbar. Es kann der Lohn für Ihre rastlose Arbeit, aber auch ein Geschenk des Himmels sein. All Ihre Bestrebungen werden von Erfolg gekrönt sein. Ein alter Kreis schließt sich, neue Aufgaben tun sich auf.

Umgekehrte Bedeutung: Sie verschließen sich der Welt. Ihre eigene Unsicherheit oder Ihre Unehrlichkeit sich selbst gegenüber versperren Ihnen den Weg. Auch schließen Sie vielleicht zu viele Kompromisse, oder Sie machen zu große Zugeständnisse zu Ihrem eigenen Nachteil. Vielleicht lassen Sie auch Visionen und Zukunftsentwürfe vermissen. Mehr Schwung, denn viel liegt an Ihnen selbst!

Die Kleinen Arkana

56 Karten bilden die Kleinen Arkana, die alltäglichen oder gewöhnlichen Geheimnisse. Diese Karten geben durch Inhalt und Lage Erklärungen zu den Karten der Großen Arkana und präzisieren deren Deutung.

Falls während einer Deutungssitzung mehr Karten der Kleinen Arkana gezogen werden sollten, liegt Ihr Schicksal maßgeblich in Ihren eigenen Händen – Sie können Einfluss auf dessen Ablauf ausüben. Fallen hingegen mehr Karten der Großen Arkana, deutet dies auf ein unabwendbares Schicksal hin.

Sie können die Karten der Großen Arkana leicht von denen der Kleinen unterscheiden: Die Karten der Großen Arkana tragen einen Namen und eine Zahl, die der Kleinen entweder einen Namen oder eine Zahl.

Die 56 Kleinen Arkana bilden ein Vierfarbspiel, wie es auch von anderen Kartenspielen her bekannt ist, das heißt, sie bestehen aus vier Farbserien, die durch ein jeweils gleiches Symbol miteinander verbunden sind.

Zu jeder Farbe des Spiels gibt es je 4 Hofkarten (König, Königin, Ritter, Prinz oder Page) und 10 Zahlenkarten (10, 9, 8, 7, 6, 5, 4, 3, 2, As).

Den vier unterschiedlichen Symbolen, die auch mit den Farben des französischen oder deutschen Kartenspiels in Verbindung gebracht werden können, werden folgende Eigenschaften zugeordnet:

6 Stäbe

7 Schwerter

3 Kelche

9 Münzen

Stäbe
männlich, Element Feuer - Antrieb, Wille, Unmittelbarkeit

Schwerter
männlich, Element Luft - Verstand, Realität, geistige Tiefe

Kelche
weiblich, Element Wasser - Gefühl, Traum, seelische Tiefe

Münzen
weiblich, Element Erde - Besitz, Beruf, materielles Sein

Die Farbe der Stäbe

Das Symbol der Stäbe entspricht der Farbe Kreuz im herkömmlichen Kartenspiel. Das Element Feuer bedeutet hier Initiative, Willen, Spontaneität. Es deutet auf Wachstum, Schöpferkraft, erfolgreiche Gedanken und Handlungen hin. Die Stäbe sind eine männliche Farbe und unterstehen der Macht der Feuerzeichen unter den Horoskopen: Widder, Löwe und Schütze.

Das As der Stäbe

Kennwort: Energie

Deutung: Alle Asse deuten auf einen neuen Beginn. Das As der Stäbe bringt Stärke, Macht, sexuelle Energien. Sie können Ihre Welt mitgestalten.

Umgekehrte Bedeutung: Chaos, Unordnung, Unruhe. Unkontrolliertes Verlangen nach Veränderung. Mangel an Zufriedenheit und das dringende Bedürfnis nach Beistand durch andere.

Zwei Stäbe

Kennwort: Entschlossenheit

Deutung: Materielle Erfolge kündigen sich an, Tatkraft ist gefragt. Gute Zukunftsaussichten bei überlegtem Handeln.

Umgekehrte Bedeutung: Unentschiedenheit und Zögern führen zu Problemen. Bei zu viel und zu lang andauernder Zögerlichkeit drohen ein Konflikt mit anderen oder eine Krise in der Partnerschaft. Ein Vorstoß in unbekanntes Terrain kann Sorgen bereiten.

Drei Stäbe

Kennwort: Betrachtung

Deutung: Die drei Stäbe verweisen auf die Möglichkeiten des Nachdenkens, um augenblickliche Probleme zu lösen. Überlegtes Handeln ist geraten.

Umgekehrte Bedeutung: Halsstarrigkeit, Überheblichkeit und die Ablehnung der objektiven Wahrheit können viele Anstrengungen zunichte machen.

Vier Stäbe

Kennwort: Wohlergehen

Deutung: Dies ist die Karte der Lebensfreude. Sie zeigt die erfolgreiche Beendigung eines Vorhabens an und weist auf Wohlbefinden und materiellen Wohlstand hin. Durch Beständigkeit werden Besitz und Lebenslust gemehrt.

Umgekehrte Bedeutung: Einengung und das Gefühl sinnloser Mühen. Undankbarkeit oder Desillusionierung drohen, Hoffnungen gehen nicht in Erfüllung.

Fünf Stäbe

Kennwort: Herausforderung

Deutung: Eine ansprechende Aufforderung, eine Aufgabe regt Ihre körperlichen und geistigen Kräfte an und beflügelt Sie zu Hochleistungen. Sie müssen sich selbst etwas beweisen. In Verhandlungen spielen Sie eine gewichtige Rolle.

Umgekehrte Bedeutung: Kontroversen und Missverständnisse drohen, auch in Rechtsangelegenheiten. Fehleinschätzungen sind möglich.

Sechs Stäbe

Kennwort: Erfolg

Deutung: Ein wichtiges Projekt verläuft erfolgreich, ein großes Vorhaben gelingt. Gute Nachrichten sind zu erwarten. Sie können getrost ein Wagnis eingehen. Zukunftsangst ist fehl am Platze.

Umgekehrte Bedeutung: Zögerlichkeit und Ängstlichkeit verhindern einen Erfolg.

Sieben Stäbe

Kennwort: Selbstbehauptung

Deutung: Umgeben von Feinden wird es Rückschläge geben, aber Sie sollten kämpfen und jeden Zollbreit Ihres Terrains verteidigen. Treten Sie massiv für Ihre Interessen ein! Standhaftigkeit und entschlossenes Handeln sichern Ihre Position.

Umgekehrte Bedeutung: Selbstzweifel und Unentschlossenheit führen zu Niederlagen.

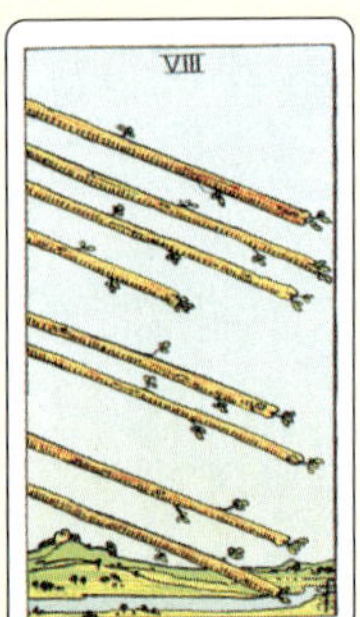

Acht Stäbe

Kennwort: Erwartung

Deutung: Ein Ereignis steht kurz bevor. Es wird keine Verzögerungen geben. Reisen beginnen, alles kommt in Bewegung, Probleme lösen sich in Luft auf. Telefonate, Briefe und Gespräche bringen gute Neuigkeiten.

Umgekehrte Bedeutung: Etwas verzögert sich, Reisepläne werden gestört, Erschöpfung verhindert vorerst das zügige Vorankommen.

Neun Stäbe

Kennwort: Gefühl der Bedrohung

Deutung: Es steht nicht zum Besten mit Ihrem Selbstvertrauen, denn Sie sehen Gefahren, wo es real keine gibt. Vertrauen Sie auf die eigenen Kräfte.

Umgekehrte Bedeutung: Verstärkt die Wirkung der Karte. Warnung vor festgefahrenem Denken, übertriebenem Perfektionismus.

Zehn Stäbe

Kennwort: Überlastung

Deutung: Übergroße Verantwortung, anstrengende und zermürbende Arbeiten, vielleicht auch die Aufgaben anderer lasten schwer auf Ihnen. Sie werden einen hohen gesundheitlichen Preis zahlen, wenn Sie nicht einige Verpflichtungen abgeben.

Umgekehrte Bedeutung: Jemand nutzt Sie aus oder benutzt Sie für seine Interessen.

Der Page der Stäbe

Kennwort: Begeisterung

Deutung: Mit Anpassungsfähigkeit, Fleiß und Begeisterungsfähigkeit kommen Sie weiter. Vorpreschendes Handeln ist jetzt nicht schädlich.

Umgekehrte Bedeutung: Impulsivität und Hyperaktivität führen zu Schwierigkeiten. Sie scheitern, wenn Sie zu wenig Durchhaltevermögen besitzen. Vielleicht bringt ein Bote schlechte Nachrichten.

Der Ritter der Stäbe

Kennwort: Erlebnishunger

Deutung: Ein tatkräftiger Kämpfer, ein großherziger Freund oder ein leidenschaftlicher Liebespartner werden in Ihrem Leben eine Rolle spielen. Extreme Gefühle wallen auf. Drastische Veränderungen bis zum Wechsel Ihres Wohnorts sind denkbar.

Umgekehrte Bedeutung: Streit, Eifersucht, gefühlsgeladene Auseinandersetzung drohen.

Die Königin der Stäbe

Kennwort: Offenheit

Deutung: Eine freiheitsliebende, selbstständige Frau wird in Ihrem Leben Bedeutung haben. Ihr entgegenkommendes Wesen und ihr Organisationstalent werden Ihr Leben verändern.

Umgekehrte Bedeutung: Mit Misstrauen und Hinterlist versucht eine besitzergreifende oder eifersüchtige Frau, Sie Ihrer Ungebundenheit zu berauben. Rachsucht droht!

Der König der Stäbe

Kennwort: Führungsanspruch

Deutung: Ein lebenserfahrener Mann mit Autorität, weitherzig und klug in praktischen Dingen, wird Einfluss ausüben. Stattlich und gesund, redlich und freundlich, kann er als guter Berater oder leidenschaftlicher Liebhaber in Ihr Leben treten.

Umgekehrte Bedeutung: Ein rücksichtsloser, vielleicht gewalttätiger Mann, ein schlechter Berater, der nur im Interesse seiner Leidenschaften handelt.

Die Farbe der Schwerter

Im herkömmlichen Kartenspiel entspricht das Schwertersymbol der Farbe Pik, die wiederum ihren Namen vom italienischen Wort für Lanze, Speer oder Spieß bekam (picca). Das Pik-Symbol soll wohl die Lanzenspitze darstellen. Diese Spielfarbe wird vom Element Luft regiert und mit folgenden Eigenschaften in Verbindung gebracht: grenzenlose Freiheit (des Luftraumes), geistige Beweglichkeit und Regsamkeit, aber auch Flatterhaftigkeit und Unzuverlässigkeit. Zank und Streit sind ebenfalls im Symbol des Schwertes und dem zugehörigen Element Luft verborgen. Die Farbe Schwerter ist männlich und steht unter dem Einfluss der Tierkreiszeichen Zwillinge, Waage und Wassermann - eben aller Luftzeichen.

Das As der Schwerter

Kennwort: Klarheit

Deutung: Eine unaufhaltsame Veränderung zum Guten kündigt sich an. Sie haben die Möglichkeit, etwas zu klären. Möglicherweise müssen Kämpfe ausgetragen werden, doch mit Unerschrockenheit und Klugheit kommen Sie der Wahrheit näher.

Umgekehrte Bedeutung: Chaos, Zerstörung und Streitlust bedrohen Sie! Hüten Sie sich vor Verwirrung und Maßlosigkeit im Denken und Fühlen!

Zwei Schwerter

Kennwort: Unentschlossenheit

Deutung: Das Ringen um inneres Gleichgewicht in einer Zeit der Rückschläge; eine Entscheidung muss folgerichtig getroffen werden. Es gibt keine äußeren Hinweise für die richtige Antwort. Die Lösung muss jeder in sich suchen.

Umgekehrte Bedeutung: Die äußere Welt ist gegen Sie. Machenschaften und Schwindel drohen. Ihr inneres Ungleichgewicht kann schuld sein.

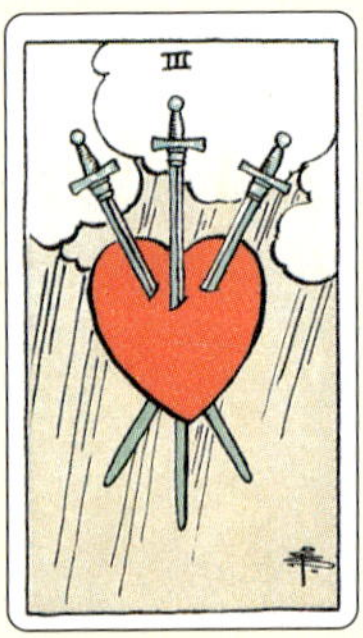

Drei Schwerter

Kennwort: Seelenschmerz

Deutung: Eine bittere Erfahrung, das Ende einer Beziehung, eine jammervolle Erkenntnis. Etwas Existenzielles drängt sich schmerzhaft ins Bewusstsein. Öffnen Sie sich der unangenehmen Einsicht.

Umgekehrte Bedeutung: Verwirrung und Befürchtungen. Ein langer Reinigungs- oder Heilungsprozess beginnt.

Vier Schwerter

Kennwort: Rückzug

Deutung: Probleme belasten Sie. Sie sollten sich zurückziehen und Ihre Gedanken ordnen. Sie benötigen dringend eine Ruhepause. Wenn Sie den Wünschen von Körper und Geist nicht folgen, kann eine Krankheit Sie zur Ruhe zwingen.

Umgekehrte Bedeutung: Verstärkte Gefahr von Schwäche, Erschöpfung und Krankheit.

Fünf Schwerter

Kennwort: Niederlage

Deutung: Scheitern und Verluste, Besiegtwerden im Konflikt – die Welt scheint sich gegen Sie zu richten. Durchhaltevermögen, der Wille zu einem Neuanfang, ein Richtungswechsel sind gefragt.

Umgekehrte Bedeutung: Starrsinn angesichts einer Niederlage kann schlimme Folgen haben.

Sechs Schwerter

Kennwort: Aufbruch

Deutung: Es bringt nichts, sich der Übermacht zu stellen. Eine Flucht vor der Gefahr, Rückzug von verlorenem Terrain führen zur Neuorientierung in eine vorteilhafte Richtung. Eine Kündigung ist möglich.

Umgekehrte Bedeutung: Verzögerungen durch unerwartete Entwicklungen; Orientierungsschwierigkeiten. Eine nötige Änderung wird verschoben.

Sieben Schwerter

Kennwort: List und Tücke

Deutung: Statt eine Konfrontation zu suchen, greift ein Gegner zu Bosheit und Heimtücke. Nur mit Raffinesse ist diesem Widersacher beizukommen. Ein kluger Schachzug – unter Umständen mit Bauernopfer – ist gefragt.

Umgekehrte Bedeutung: Ein Sachverhalt wird mit Arglist verdreht. Lügen und Niedertracht enttäuschen Ihr Vertrauen.

Acht Schwerter

Kennwort: Einschränkung

Deutung: Sie kommen sich wie gefesselt vor. Eine rabenschwarze Zeit beginnt, denn Sie werden das Gefühl nicht los, gefangen und machtlos zu sein. Nur mit Geduld überstehen Sie diese Situation. Lassen Sie sich von unerwarteter Seite helfen.

Umgekehrte Bedeutung: Sie selbst schränken sich ein. Eine mühevolle Arbeit lohnt sich nicht.

Neun Schwerter

Kennwort: Tiefe Sorge

Deutung: Ängste oder Gewissensbisse bringen Alpträume oder schlaflose Nächte. Einsame Leiden, z.B. eine schmerzhafte Therapie, rauben Ihnen den Schlaf. Ursache können auch Selbstquälerei, Gefühle der Scham oder ein klares Schuldbewusstsein sein.

Umgekehrte Bedeutung: Bosheit, Verleumdung und unterlassene Hilfe können Probleme schaffen.

Zehn Schwerter

Kennwort: Niedergang

Deutung: Diese Karte verweist auf das abrupte Ende, auf schonungslose Härte, einen schmerzhaften Abschied. Das Schicksal schlägt zu, der Faden reißt endgültig. Einziger Trost: Es kann nur besser werden.

Umgekehrte Bedeutung: Eine Entwicklung bringt nur scheinbare Vorteile; die Zukunftsaussichten bleiben schlecht.

Der Page der Schwerter

Kennwort: Klärung

Deutung: Eine klärende Auseinandersetzung droht, verursacht durch plötzliche Neuigkeiten, eine Änderung der persönlichen Beziehungen oder durch Sticheleien und das Gerede der Leute.

Umgekehrte Bedeutung: Ein Feind greift zu unredlichen Mitteln (Verrat, Verleumdung, Lüge), um sein schändliches Ziel zu erreichen.

Der Ritter der Schwerter

Kennwort: Beißende Kälte

Deutung: Der Ritter der Schwerter stürmt in Ihr Leben wie der eisige Nordwind und bringt einen Temperatursturz in Ihre Beziehungen. Sein Schwert steht für schneidend scharfe Argumente und messerscharfe Wortgefechte. Trennungen kündigen sich an.

Umgekehrte Bedeutung: Streitsucht und Gewalttätigkeit drohen.

Die Königin der Schwerter

Kennwort: Weibliche Unabhängigkeit

Deutung: Eine unabhängige Frau mit Intelligenz und kühlem Kopf sollte nicht unterschätzt werden. Sie setzt die Waffen ihres Verstandes geschickt ein. Ihr Einfallsreichtum und ihre Auffassungsgabe machen sie zu einer guten Verbündeten – oder einer gefährlichen Gegnerin.

Umgekehrte Bedeutung: Ein Übermaß an Schmerz, Verbitterung oder Eifersucht wird gefährlich.

Der König der Schwerter

Kennwort: Kühler Verstand

Deutung: Der Verstand regiert. Vielleicht tritt ein intelligenter Mensch in Ihr Leben, der Ihnen als Rechtsbeistand oder beratender Experte einen neuen Impuls geben kann. Möglicherweise brauchen Sie auch geistige Anregung.

Umgekehrte Bedeutung: Die Gefühlsseite kommt zu kurz, der Verstand handelt grausam und kalt.

Die Farbe der Kelche

Die Kelche sind Symbole der Gefühle. Sie entsprechen der Farbe Herz in einem herkömmlichen Kartenspiel. Vom Element Wasser beherrscht, sind sie den Tierkreiszeichen Krebs, Skorpion und Fische verbunden. Überwiegen während einer Tarotsitzung die Kelche, so sind Gefühle und vermutlich Liebesangelegenheiten das zentrale Thema.

Das As der Kelche

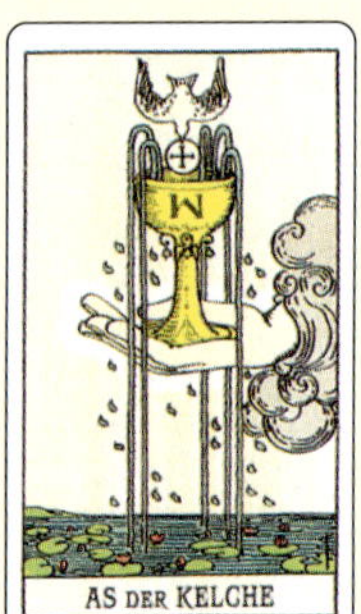

Kennwort: Harmonie und Vollendung

Deutung: Eine tiefe und echte Liebe, ein großer schöpferischer Akt, überschäumende Fruchtbarkeit – diese Karte verspricht höchste Erfüllung. Herzenswünsche werden wahr: eine Verlobung oder Hochzeit?

Umgekehrte Bedeutung: Die egoistische Seite der Gefühle dominiert. Unrealistische Erwartungen an die Liebe; Heuchelei und Verzweiflung.

Zwei Kelche

Kennwort: Begegnung

Deutung: Zwischen zwei Menschen kann eine harmonische Beziehung entstehen: Partnerschaft im Beruf, Freundschaft, Liebe oder Ehe. Dabei kann es durchaus sein, dass Gegensätze zu einem Ausgleich kommen. Vielleicht werden auch nur Feindseligkeiten beendet.

Umgekehrte Bedeutung: Trennung, Untreue, Verrat und Enttäuschung. Vorgetäuschte Liebe.

Drei Kelche

Kennwort: Dankbarkeit

Deutung: Etwas ist mit Hilfe Ihrer Mitmenschen gelungen. Nun findet Ihre Dankbarkeit in Fest und Feier ihren Ausdruck. Sie genießen gemeinsam mit Vertrauten Lebenslust und Harmonie. Eine andere Auslegung: Heilung, Ende einer Krankheit.

Umgekehrte Bedeutung: Zügellose Begierde, Genusssucht, haltlose Leidenschaft.

Vier Kelche

Kennwort: Verdrossenheit

Deutung: Jemand zieht sich verdrossen zurück und schmollt. Der Grund kann eine Beleidigung, eine Beziehungs- oder Lebenskrise sein. Vorsicht, möglicherweise verstreichen Chancen ungenutzt.

Umgekehrte Bedeutung: Etwas Neues beginnt, Möglichkeiten werden erfolgreich genutzt. Ihre Begeisterung wird geweckt.

Fünf Kelche

Kennwort: Kummer

Deutung: Ein Verlust droht. Eine Freundschaft ist in Gefahr, die Trennung von einem lieben Menschen ist möglich. Gefühle werden verletzt, bisherige Werte in Frage gestellt. Erkenntnisse bringen ein Weltbild ins Wanken. Große Veränderungen zwingen zu einer Neubesinnung.

Umgekehrte Bedeutung: Neue Wege und Ziele tun sich auf. Eine unglückliche Zeit endet.

Sechs Kelche

Kennwort: Erinnerung

Deutung: Etwas Vergangenes wirkt positiv bis in die Zukunft. Ein Blick zurück weckt schöpferische Kräfte. Ein geliebter Mensch aus früheren Tagen schafft neue Nähe. Sie kehren an vergangene Orte zurück.

Umgekehrte Bedeutung: Sie sind dem Alten verhaftet, kämpfen mit der Vergangenheit. Schlechte Erinnerungen, ein ungelöster Konflikt belasten Sie.

Sieben Kelche

Kennwort: Luftschlösser

Deutung: Visionen, Träumereien und Seifenblasen fesseln Verstand und Gefühl und lenken Ihre Gedanken und Ihre Schaffenskraft in ungeordnete Bahnen. Setzen Sie die rosarote Brille ab! Sie müssen sich auf ein einziges Ziel konzentrieren, um Erfolg zu haben.

Umgekehrte Bedeutung: Gefahr trügerischer Hoffnungen; Sie werden getäuscht.

Acht Kelche

Kennwort: Aufbruch

Deutung: Etwas sagt Ihnen, dass es Zeit ist, die Vergangenheit hinter sich zu lassen. Eine Reise oder ein Neubeginn stehen ins Haus. Brechen Sie zu neuen Dimensionen und Bewusstseinsebenen auf! Dann verspricht die Zukunft glücklicher zu werden.

Umgekehrte Bedeutung: Ihre Suche nach dem Glück hat Erfolg. Große Freude.

Neun Kelche

Kennwort: Lebensfreude

Deutung: Sie stehen mitten im Leben. Freunde feiern mit Ihnen, Sie erfreuen sich guter Gesundheit und genießen Erfolg und Beliebtheit. Ihre Liebesbeziehungen beglücken Sie, und Sie verstehen sich mühelos mit Ihren Mitmenschen.

Umgekehrte Bedeutung: Sie sind zu eitel und selbstgefällig. Ihr Egoismus verärgert viele.

Zehn Kelche

Kennwort: Tiefe Zufriedenheit

Deutung: Sie leben in Frieden mit den Menschen, die Sie lieben. Familiäres Glück ist auf lange Sicht gesichert. Ein Herzenswunsch geht in Erfüllung. Sie könnten die ganze Welt umarmen.

Umgekehrte Bedeutung: Argwohn und Rivalität gegenüber Freunden und Bekannten. Gefahr der Isolation und Vereinsamung; Sie fühlen sich verkannt.

Der Page der Kelche

Kennwort: Die gute Gelegenheit

Deutung: Ein freundlicher Impuls verändert Ihr Leben: Lob, Anerkennung, eine Einladung oder gar ein Heiratsantrag schmeicheln Ihnen. Ihre Mitmenschen sind offen und zuvorkommend zu Ihnen. Nutzen Sie die Gunst der Stunde!

Umgekehrte Bedeutung: Manipulation, Täuschung; jemand stellt Ihnen eine Falle.

Der Ritter der Kelche

Kennwort: Freundlichkeit

Deutung: Innere Harmonie durchglüht die kommenden Tage. Ausgeglichenheit und gelassene Heiterkeit steigt aus den Tiefen der Seele auf. Die richtige Stimmung für einen Flirt – und mehr.

Umgekehrte Bedeutung: Heuchelei und falsche Gefühle, ein (Heirats-)Schwindler, ein unehrlicher Liebhaber und Schürzenjäger.

Die Königin der Kelche

Kennwort: Hohe Ziele

Deutung: Die Königin der Kelche herrscht über die Welt des Guten und Schönen, verspricht edle Gefühle und künstlerische Begabung und schenkt eine zur Schönheit neigende Fantasie. Ihre Energien haben Bestand und wirken über lange Zeit. Sie ist eine sichere Gefährtin.

Umgekehrte Bedeutung: Das Gute ist in Gefahr – Willensschwäche, ja Perversion drohen.

Der König der Kelche

Kennwort: Reife

Deutung: Im König der Kelche treffen sich Intelligenz und Intuition; vielleicht verfügt er über den siebten Sinn. Eine solche Person wird Ihnen begegnen und Einfluss auf Ihr Leben nehmen. Allgemein steht diese Karte aber auch für die angenehmen Seiten des Lebens: warmherzige Freunde, kluge Gedanken, die schönen Künste.

Umgekehrte Bedeutung: Ein Sektierer, Schwindler oder Fanatiker bedroht Sie. Rechnen Sie mit einem Hinterhalt!

Die Farbe der Münzen

Das Symbol der Münzen ist weiblich und steht unter dem Einfluss der Tierkreiszeichen Stier, Jungfrau und Steinbock. Wie diese werden die Münzen vom Element Erde beherrscht und daher mit materiellen Dingen in Verbindung gebracht. Die Münzen entsprechen der Farbe Karo in einem üblichen Kartenspiel.

Das As der Münzen

Kennwort: Das Geschenk des Lebens

Deutung: Diese Karte verweist auf inneren und äußeren Reichtum. Sie kündigt Sicherheit, Beständigkeit und beginnenden Wohlstand an. Auch ein Gewinn beim Spiel ist möglich.

Umgekehrte Bedeutung: Warnung vor finanziellen Problemen durch Gier oder Spekulation. Geistige Armut. Kein Glück im Spiel!

Zwei Münzen

Kennwort: Unbeschwertheit

Deutung: Mit Flexibilität und spielerischer Leichtigkeit lässt sich vieles erreichen. Manchmal ist der Narr klüger als der Weise. Auch können Widersprüche mit leichter Hand ausgeglichen werden.

Umgekehrte Bedeutung: Wankelmut und zu große Risikobereitschaft können schaden. Warnung vor einem Menschen ohne festen Charakter.

Drei Münzen

Kennwort: Können

Deutung: Wer seine Fertigkeiten und Talente (das Talent war zu biblischer Zeit eine Münze) richtig einsetzt, wird Erfolg haben. Ein Aufstieg (Abschluss einer Berufsausbildung oder eines Studiums, Beförderung) wird möglich. Alle Zeichen stehen gut für den Erwerb weiteren Wissens.

Umgekehrte Bedeutung: Das Fehlen von Talent – geistige Trägheit, Mittelmaß.

Vier Münzen

Kennwort: Besitz

Deutung: Finanzielle Sicherheit und das Festhalten an bereits erworbenen Besitztümern spielen eine große Rolle in Ihrem Leben. Achten Sie darauf, dass Ihnen das Geld auf der Bank nicht den Spaß am Leben verdirbt!

Umgekehrte Bedeutung: Raffgier, Gewinnsucht und Geiz, Neid auf den Besitz anderer. Verlust von Zeit, Geld und Lebensfreude ist möglich.

Fünf Münzen

Kennwort: Entbehrung

Deutung: Sie haben einiges durchzustehen. Wirtschaftliche Einbußen, Entbehrungen und Engpässe müssen überwunden werden. Es trifft aber nicht nur Sie allein; andere teilen Ihr Schicksal. Lernen Sie aus den Verlusten! Sie werden reicher an Erfahrung sein.

Umgekehrte Bedeutung: Sie steuern in den Ruin! Ändern Sie schleunigst Ihre Strategie!

Sechs Münzen

Kennwort: Großmut

Deutung: Sie verstehen es, Ihr Geld nicht nur für sich selbst zu nutzen. Als Hilfe für jemanden, der Not leidet, tut es viel Gutes. Möglicherweise beweist Ihnen jemand durch materielle Unterstützung oder Geschenke sein Wohlwollen. Vielleicht entdecken Sie verborgenen inneren Reichtum.

Umgekehrte Bedeutung: Sinnlose Verschwendung, leichtsinniger Umgang mit Geld, Schuldenmacherei.

Sieben Münzen

Kennwort: Beständiges Wachstum

Deutung: Durch kluge Planung reifen langfristig Werte und Besitztümer heran. Ohne geduldige Bemühungen oder gar schwere Arbeit gelingt nur wenig. Ausdauer trägt auf lange Sicht reiche Früchte.

Umgekehrte Bedeutung: Es drohen Verluste durch Voreiligkeit, Ungeduld und übertriebene Hektik in materiellen Angelegenheiten.

Acht Münzen

Kennwort: Lernen

Deutung: Sie erwerben Befähigungen und erlangen eine bessere Qualifikation. Dazu brauchen Sie sich nicht anzustrengen, denn das Lernen bereitet Ihnen Freude. Ihr neu erworbenes Können zahlt sich langfristig aus, z.B. in einem neuen Aufgabengebiet.

Umgekehrte Bedeutung: Pfusch, Vortäuschung nicht vorhandenen Wissens, Hochstapelei. Scheinerfolge sind nur von kurzer Dauer.

Neun Münzen

Kennwort: Günstige Wendung

Deutung: Ein unerwarteter Gewinn oder eine Gehaltserhöhung überraschen Sie auf das Angenehmste. Es kann aber auch ein geistiger Fortschritt gemeint sein. Auf jeden Fall wendet sich vieles deutlich zum Besseren.

Umgekehrte Bedeutung: Etwas nicht rechtmäßig Erworbenes, eine krumme Sache. Ihre überzogenen materiellen Hoffnungen täuschen Sie.

Zehn Münzen

Kennwort: Reichtum

Deutung: Sie werden Reichtum in jeder Hinsicht genießen: Erfolg und Achtung, ein zufriedenes Familienleben und Mitmenschen, die Sie schätzen. Eine Erbschaft oder eine Hochzeit vermehrt Ihren Besitz.

Umgekehrte Bedeutung: Trügerische Sicherheit, Erbschaftsstreitigkeiten, familiärer Streit um Geld. Verluste finanzieller Art.

Der Page der Münzen

Kennwort: Das handfeste Angebot

Deutung: Es bietet sich eine solide Möglichkeit, zu Geld und Besitz zu kommen. Nicht materiell gedeutet, weist diese Karte auf eine bereichernde Zusammenkunft oder einen bedeutenden geistigen Impuls hin.

Umgekehrte Bedeutung: Verschwendung, Bestechung, Schnorrerei können zur Gefahr werden. Achten Sie auf Ihren Besitz!

Der Ritter der Münzen

Kennwort: Fleiß und Ausdauer

Deutung: Verantwortung und harte Arbeit regieren, praktische Überlegungen haben Vorrang gegenüber Träumen. Nichts wird dem Zufall überlassen. Ihre Beziehungen haben eine breite Basis an Vertrauen und Treue.

Umgekehrte Bedeutung: Nachlässigkeit und Faulheit führen zu Stillstand. Unzuverlässigkeit und Reisen ins Wolkenkuckucksheim gefährden Ihre materielle Basis.

Die Königin der Münzen

Kennwort: Die gute Gefährtin

Deutung: Eine mütterliche Frau mit goldenem Herzen, starkem Körper und wachem Geist tritt in Ihr Leben. Sie verfügt über Realitätssinn, ist aber mitfühlend, fürsorglich und sinnenfroh. Vielleicht kündigt sie Nachwuchs, sicher aber familiäre Zufriedenheit an.

Umgekehrte Bedeutung: Weibliche Raffgier, Geiz, Misstrauen; eine böse Schwiegermutter.

Der König der Münzen

Kennwort: Behagliches Leben

Deutung: Diese Karte verspricht viel: Tatkraft, Sinnenfreude, Geschäftssinn, ein gutes Konto bei der Bank, beachtlicher Wohlstand, gekoppelt mit Zufriedenheit, eine gute Ehe, eine ausgeglichene Gemütslage. Sie mahnt zu bescheidenem Auftreten trotz des Reichtums.

Umgekehrte Bedeutung: Misserfolg, Einflusslosigkeit, Korruption. Ein Erzfeind.

Zum Schluss vielleicht noch einige Anmerkungen zur Bedeutung und Gewichtung der Hofkarten und der zehn Zahlenkarten.

Die Hofkarten (König, Königin, Ritter, Page) stellen in allen Farben die ganze Kraft einer Farbe und des mit ihr verbundenen Elements dar. Sie werden als starke Aussagen und häufig als Hinweis auf eine Person oder Persönlichkeit gedeutet.

Die Zahlenkarten verweisen jeweils auf bestimmte Teilaspekte der betreffenden Farbe, wobei besonders das As und die Zehn hervorzuheben sind. Das As zeigt auf den Ursprung oder Beginn der Kraft, die der betreffenden Farbe innewohnt; die Zehn steht am Ende der Deutungsreihe der Zahlen und ist als Hinweis auf den Ausgang einer Sache, auf das Ziel einer Handlung auszulegen. Wenn sich in einem Legemuster z.B. die Zehnen häufen, wird so deutlich, dass es um die Zielvorstellungen einer bestimmten Person geht.

Tarotkarten deuten

Wie man den Karten ihr Geheimnis entlockt

- Beginnen Sie das Kartenlegen nicht mit Unsicherheit – es gibt keine falschen Deutungen. Treten Sie den Karten vielmehr mit Neugier entgegen, stellen Sie ihnen Fragen. Schließlich sehen Sie in einen Spiegel, der Ihnen viel über sich selbst und andere verraten kann.

- Befreien Sie Ihren Geist! Vergessen Sie alle überflüssigen Gedanken, und konzentrieren Sie sich nur auf die Karten! Versuchen Sie die Verbindung zwischen ihnen und Ihrer alltäglichen Welt zu erspüren!

- Mischen Sie die Karten! Tun Sie dies nicht wie beim Skat oder Poker in der Hand, sondern verteilen Sie die Karten verdeckt auf dem Tisch, und mischen Sie das Spiel durch Hin- und Herschieben! Dies ist wichtig, denn sonst gibt es keine umgekehrten Karten, die ja wichtige Aussagen treffen. Besonders dann, wenn Sie ein neues Spiel verwenden, sollten Sie so mischen. Falls Sie für jemand anderen die Karten legen, sollte diese Person die Karten mischen.

- Schieben Sie dann die Karten zu einem Stapel zusammen, den Sie in der Hand halten.

- Wählen Sie ein Legemuster! Dazu finden Sie auf den kommenden Seiten einige Anregungen.

- Ziehen Sie die nötige Anzahl Karten, und legen Sie sie einzeln und verdeckt auf den Tisch. Drehen Sie, wenn alle Karten des Musters auf dem Tisch liegen, die erste Karte um, während Sie »die Frage an die Karte« laut aussprechen. Deuten Sie zuerst die erste Karte, bevor Sie eine weitere umwenden.

- Verfahren Sie nun der Reihe nach ebenso mit den weiteren Karten in Ihrem Legesystem! Deuten Sie zuerst die umgewendete Karte, dann die Beziehungen zwischen den bereits offen liegenden Karten, bevor Sie eine weitere aufdecken. Lassen Sie sich mit der Deutung der Karten Zeit! Bemühen Sie sich darum, nicht an der Oberfläche zu bleiben! Auch sollten Sie sich mit allzu direkten und nahe liegenden Bedeutungen nicht zufrieden geben. Vielleicht können Sie ja noch mehr erfahren.

- Wenn alle Karten aufgedeckt sind, betrachten Sie noch einmal in Ruhe den Gesamtzusammenhang. Dominieren die Karten der Großen Arkana (vorbestimmtes Schicksal) oder der Kleinen Arkana (Zukunft in der eigenen Hand)? Gibt es auffällig viele Karten einer Farbe (z.B. Kelche = Liebesorakel, Münzen = materielle Werte)?

- Geben Sie sich nicht zufrieden, wenn ein Legemuster Fragen offen lässt. Versuchen Sie ein zweites, bis alle Fragen beantwortet sind.

Legemuster oder Verteilungen für das Tarot

Es gibt viele Ordnungsschemata oder »Verteilungen«, nach denen die Karten während einer Tarotsitzung angeordnet werden können. Tarot-Anfänger haben oft Schwierigkeiten, viele Karten gleichzeitig auszudeuten. Beginnen Sie daher mit der einfachsten aller Verteilungen:

Die Tageskarte

Mit ihr gewinnen Sie zwar keine erschöpfende Einsicht in den künftigen Ablauf Ihres Lebens. Vielleicht erahnen Sie aber einige Zusammenhänge und Ereignisse, die sich in Ihrer näheren Zukunft abzeichnen. Decken Sie einfach eine Karte auf mit der Frage: »Wie wird dieser Tag?«

Sie erhalten so eine Anregung, über die zu erwartenden Ereignisse des kommenden Tages nachzudenken. Natürlich wird diese simple Variante des Tarot Sie auf Dauer nicht befriedigen. Beginnen Sie mit einem einfachen Legemuster. Hier bieten sich einige Möglichkeiten an. Sie können aber auch getrost selbst neue Varianten erfinden.

Vordergrund und Hintergrund

Ziehen Sie die erste und die letzte Karte des Stapels. Die erste verrät Ihnen wie gewohnt, was an diesem Tag auf Sie zukommt. Die zweite sagt etwas über die Ursachen dafür aus.

1. Vordergrund
2. Hintergrund

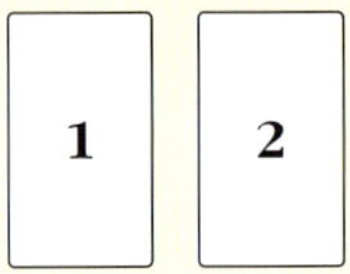

Ein Beispiel:

Erste Karte: Der König der Schwerter: Der Verstand wird diesen Tag beherrschen, rationale Überlegungen sind nötig.

Zweite Karte: Der einstürzende Turm: Ursache dafür ist ein elementares Ereignis, der Einfluss höherer Gewalt. Rechnen Sie also mit einem ereignisreichen Tag!

Eine weitere Variante mit drei Karten:

1. So wird der Tag.
2. So ist der Augenblick.
3. Hier liegen die Gründe dafür.

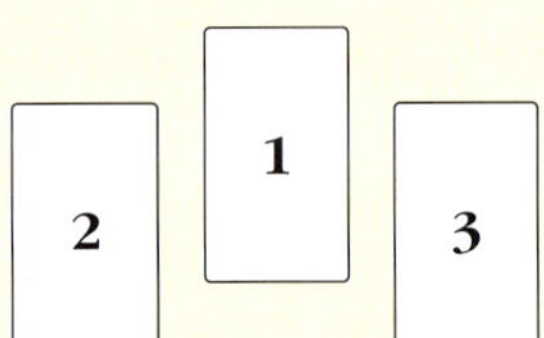

Vergangenheit, Gegenwart und Zukunft

Ein universelles Legemuster: Die drei Karten stehen für die Vergangenheit, die Gegenwart und die Zukunft. Deuten Sie auch hier zunächst jede Karte einzeln und dann im Zusammenhang mit den übrigen.

1. Gegenwart
2. Vergangenheit
3. Zukunft

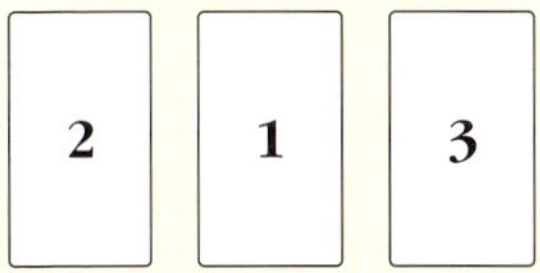

Ein Beispiel:

Vergangenheit: Ritter der Münzen – Verantwortung und harte Arbeit prägten Ihre Vergangenheit. Selten fanden Sie Gelegenheit zu träumen. Zum Glück hatten Sie tatkräftige Unterstützung.

Gegenwart: Vier Stäbe als Symbol der Lebensfreude. Wohlbefinden und Wohlstand kennzeichnen Ihre Gegenwart.

Zukunft: Acht Schwerter künden von Zukunftsängsten. Einschränkungen drohen, aber auch Hilfe und Unterstützung von unerwarteter Seite.

Die Gesamtheit der ausgelegten Karten (nur Kleine Arkana) deutet auf ein Schicksal hin, das durch eigene Taten zu beeinflussen ist.

Das Viererkreuz

Vier Karten geben Antwort auf die folgenden Fragen:

1. Worum geht es?
2. Was soll ich meiden?
3. Was soll ich tun?
4. Wohin führt es?

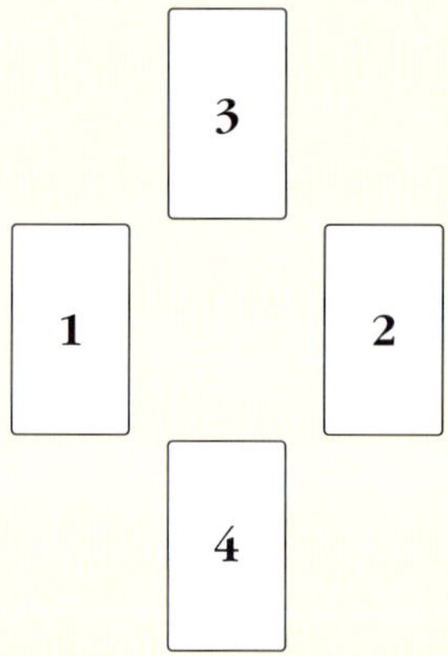

Hier geben die inhaltlich gegensätzlichen Karten 2 und 3 wichtige Hinweise. Bei inhaltlich nahen Karten kann es um eine Wanderung auf einem schmalen Grad gehen.

Ein Beispiel:

Wenn als zweite Karte die Zehn der Stäbe fällt, die dazu rät, Überlastung zu meiden, und als dritte Karte die Sieben der Stäbe gezogen wird, die zu Selbstbehauptung rät, stecken Sie in einem Dilemma: Vertreten Sie entschlossen Ihre Interessen - aber strengen Sie sich dabei nicht zu sehr an.

Das Fünferkreuz

Diese Variante des Kreuzes mit einer Zentralkarte gibt Antwort auf die folgenden Fragestellungen:

1. Der Zugang
2. Die Vergangenheit
3. Die Zukunft
4. Die Grundlage
5. Das Ergebnis oder die Chancen

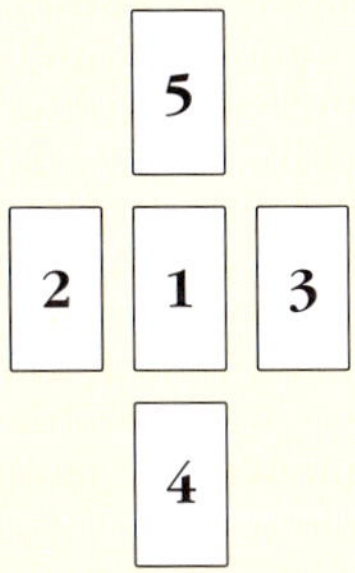

Dieses Legemuster wird, wie andere Muster auch, in zahlreichen (Deutungs-)Varianten gespielt. Beim »Stern« z.B. werden die Karten in anderer Reihenfolge gelegt. Das Muster gibt dann Auskunft zu den folgenden Themen:

1. Der Standpunkt
2. Die Aufgaben
3. Die Hindernisse
4. Die Stärken
5. Das Ziel

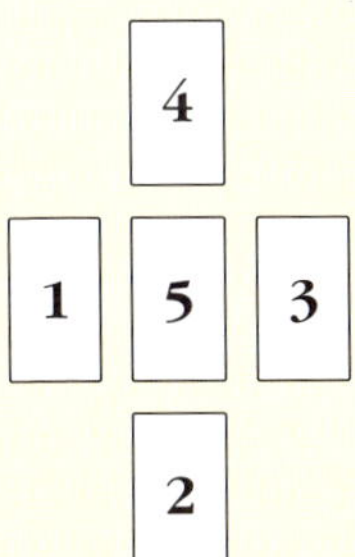

Das Sechserkreuz

Nach dem Mischvorgang werden fünf Karten in der unten dargestellten Reihenfolge als Kreuz ausgelegt. Eine Karte fällt aus dem Rahmen: Sie wird beiseite gelegt und soll zum Schluss die universelle Erkenntnis verkünden. Die einzelnen Karten bedeuten hier:

1. Der Einfluss der Vergangenheit
2. Die Widerstände der Vergangenheit
3. Die Wirkungen zu Ihren Gunsten
4. Die nahe Zukunft
5. Die ferne Zukunft
6. Die Wirkung auf Ihr Leben

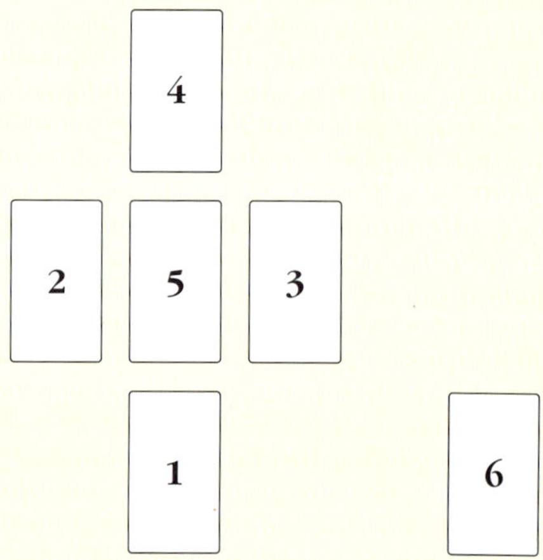

Wie Sie sehen, ist es beim Tarot üblich, die Legemuster in recht freier Weise zu verändern. Sie können natürlich Legemuster aus diesem Buch oder der weiterführenden Literatur verwenden. Doch mit der Zeit werden Sie vielleicht Freude daran finden, Ihre eigenen, für Ihre ganz speziellen Fragestellungen optimal geeigneten Legemuster zu erfinden. Das ist ohne weiteres möglich. Es gibt beim Tarot keine verpflichtenden Vorschriften.

Das Hufeisen

Dieses Muster mit sieben Karten eignet sich sowohl für allgemeine Auslegungen als auch für die Beantwortung besonderer Fragestellungen.

1. Die Vergangenheit
2. Die Gegenwart
3. Verborgene Mächte
4. Widerstände
5. Die Haltung anderer
6. Sinnvolle Taten
7. Das Ergebnis

Ein (knappes) Deutungsbeispiel:

1. Fünf Stäbe, umgekehrt: Fehleinschätzungen haben der Person in der Vergangenheit zu schaffen gemacht.

2. Neun Stäbe: Die Gegenwart wird von einem Gefühl der Bedrohung gekennzeichnet. Das Selbstvertrauen fehlt.

3. Zehn Stäbe: Die betreffende Person verdrängt ein Gefühl der Überlastung und sollte es sich bewusst machen.

4. Der Narr, umgekehrt: Die Person kämpft gegen Chaos und die Torheit ihrer Mitmenschen! Vielleicht liegt hier die Ursache für die Überlastung.

5. Der Hohepriester: Andere Menschen möchten Ratgeber sein, treten aber mit moralischen Ansprüchen an die Person heran.

6. Der Ritter der Kelche: Es ist jetzt sinnvoll, sich um inneren Frieden, Harmonie und Ausgeglichenheit zu bemühen.

7. Vier Stäbe, umgekehrt: Die Person leidet unter Einengung und hat das Gefühl sinnloser Mühen. So, wie sie lebt, gehen ihre Hoffnungen nicht in Erfüllung.

Auffällig bei den hier gelegten Karten: Vier der sieben Karten gehören zu der Farbe Stäbe, was darauf hinweist, dass die betreffende Person ein Problem mit ihren Energien verarbeitet, dass u.U. ein Konflikt im Bereich Willen/Initiative besteht. Nur zwei Karten der Großen Arkana weisen darauf hin, dass dieses Schicksal mit Tatkraft zu wenden ist.

Schon bei dieser und den vorangegangenen Verteilungen mit fünf bis sechs Karten dürfte die vollständige Deutung (vor allem der Beziehungen der Karten untereinander) für einen Anfänger des Tarot recht schwierig sein. Deshalb haben wir uns in diesem Band auf die einfacheren Varianten beschränkt. Wenn Sie weitere Muster probieren möchten, finden Sie solche in der weiterführenden Literatur. Neben den hier gezeigten gibt es noch eine Vielzahl von anderen, weit komplexeren Legemustern mit klingenden Namen wie »Der astrologische Kreis«, »Das Geheimnis der Hohenpriesterin« oder »Das keltische Kreuz«, die Sie mit der Zeit werden ausdeuten können.